KI-Geschäftsideen Für 2026 Und Darüber Hinaus

Starten Sie profitable KI-gestützte Unternehmen ohne Mitarbeiter oder Lagerbestand

Von Joe Corre..

Veröffentlicht von Live Stronger Faster

Dieses Buch dient ausschließlich Bildungs- und Informationszwecken. Der Autor und der Verlag erbringen keine rechtliche, finanzielle oder sonstige professionelle Beratung. Leser sollten vor finanziellen Entscheidungen einen qualifizierten Fachmann konsultieren.

Erste Auflage

Inhaltsverzeichnis

Einleitung

Künstliche Intelligenz hat sich von einem Schlagwort zum Rückgrat moderner Unternehmen entwickelt. Innerhalb weniger Jahre ist das, was einst experimentell war, unverzichtbar geworden – es betreibt den Kundensupport, generiert Inhalte, automatisiert Entscheidungen und führt sogar ganze Unternehmen ohne menschliches Eingreifen. Am spannendsten ist jedoch nicht, was Großkonzerne oder Technologiegiganten mit KI tun. Entscheidend ist, was Einzelpersonen – Menschen wie Sie – heute damit erreichen können. Zum ersten Mal in der Geschichte kann ein Solo-Unternehmer ein profitables, globales Unternehmen von einem Laptop aus aufbauen und KI nutzen, um alles von der Produkterstellung bis zum Kundenservice zu übernehmen.

Dieses Buch wurde geschaffen, um Ihnen zu helfen, diese Chance voll auszuschöpfen. Wir betreten eine Ära, in der Kleinsein ein Wettbewerbsvorteil ist. Sie brauchen keine Mitarbeiter, kein Lager und keine Investoren, um erfolgreich zu sein. Alles, was Sie benötigen, ist eine Idee – kombiniert mit den richtigen KI-Tools und einem klaren Umsetzungsplan. Egal, ob Sie aus einem 9-to-5-Job ausbrechen, ein Nebeneinkommen starten oder ein Portfolio automatisierter Unternehmen aufbauen möchten – die kommenden Jahre werden eine Explosion an Möglichkeiten bieten. Doch zu wissen, wo man anfängt, ist entscheidend. Genau dabei hilft Ihnen dieser Leitfaden.

In den folgenden Kapiteln entdecken Sie bewährte, profitable KI-Geschäftsmodelle, die Sie 2026 und darüber hinaus starten können. Es handelt sich nicht um riskante Mondmissionen oder technisch komplexe Start-ups, die fortgeschrittene Programmierkenntnisse erfordern. Stattdessen finden Sie schlanke, intelligente Geschäftsideen für Solo-Unternehmer – entwickelt, um schnell Einkommen zu generieren und mit minimalem Aufwand zu skalieren. Von Voiceover-as-a-Service bis hin zu KI-gestützter Immobilien-Leadgenerierung erfahren Sie, was funktioniert, warum es funktioniert und wie Sie es mit frei verfügbaren oder kostengünstigen KI-Tools Schritt für Schritt umsetzen.

Jedes Kapitel dieses Buches folgt einer zweiteiligen Struktur. Zunächst tauchen wir in den praxisorientierten Teil ein – mit einer klaren Erklärung der Idee, der benötigten Tools, einer Schritt-für-Schritt-Anleitung zur Einrichtung, Monetarisierungsstrategien und Automatisierungsabläufen. Das ist Ihr Bauplan. Im zweiten Teil hören Sie eine fiktive, aber realistische Geschichte einer Person, die dieses Geschäft startet – um das Konzept lebendig und greifbar zu machen und praktische Einblicke zu liefern. Diese Geschichten dienen nicht nur der Inspiration – sie zeigen, wie diese

Geschäftsmodelle im echten Leben funktionieren und welche Ergebnisse möglich sind.

Was dieses Buch besonders macht, ist der Fokus auf Einfachheit und Skalierbarkeit. Viele Business-Bücher verkomplizieren Prozesse unnötig oder verlangen den Aufbau komplexer technischer Strukturen. Ich glaube jedoch an Geschäftsmodelle, die sowohl zugänglich als auch leistungsstark sind. Deshalb kann jedes in diesem Buch vorgestellte Unternehmen mit null Mitarbeitern, null Lagerbestand und minimalem Startkapital begonnen werden. Alles, was Sie brauchen, ist Neugier, Engagement und die Bereitschaft, zu testen und zu lernen. Wenn Sie Zeit investieren und das Gelernte anwenden, können Sie Einkommensquellen aufbauen, die sogar im Schlaf für Sie arbeiten.

Dieses Buch richtet sich an Kreative, Freelancer, Berater, Marketer, Immobilienprofis, Agenturinhaber, Eltern, die von zu Hause arbeiten, sowie digitale Nomaden. Unabhängig von Ihrem Erfahrungsniveau ist KI der große Gleichmacher. Sie müssen kein Ingenieur sein, um davon zu profitieren. Mit den heutigen Drag-and-Drop-KI-Tools, No-Code-Plattformen und intelligenten Automatisierungen war es noch nie einfacher, ein profitables Online-Unternehmen zu starten. Und sobald Sie es einmal getan haben, werden Sie erkennen, wie wiederholbar dieser Prozess ist.

Im Laufe dieses Buches finden Sie außerdem optionale Prompts, Tool-Listen, Monetarisierungsbeispiele und Automatisierungsvorlagen, die Sie über meine Website oder den Bonusbereich abrufen können. Diese Ressourcen sollen Ihnen Zeit sparen, Überforderung vermeiden und Ihnen den schnellsten Weg zum Gewinn ermöglichen. Mein Ziel ist es nicht nur, Ideen zu vermitteln, sondern Ihnen zu helfen, sie schnell und selbstbewusst umzusetzen – ohne unnötige Theorie, nur mit Fokus auf Ergebnisse.

Wenn Sie bereit sind, KI in Einkommen zu verwandeln, mit Systemen statt Stress zu skalieren und Unternehmen aufzubauen, die Sie nicht ausbrennen, dann zeigt Ihnen dieses Buch den Weg. Die nächsten Kapitel werden eine profitable KI-Geschäftsidee nach der anderen freischalten – mit allem, was Sie brauchen, um sie zum Leben zu erwecken. Sie werden lernen, Sie werden sich vorstellen, und vor allem: Sie werden handeln.

Beginnen wir Ihre KI-gestützte Unternehmerreise.

Kapitel 1: Voiceover-as-a-Service mit KI

Eine der schnellsten und am besten skalierbaren Möglichkeiten, im Jahr 2026 ein KI-gestütztes Solo-Business zu starten, ist das Anbieten von Voiceover-Dienstleistungen mithilfe fortschrittlicher KI-Stimmgeneratoren. Früher erforderte Voiceover-Arbeit professionelle Mikrofone, schallisolierte Studios und jahrelanges Stimmtraining. Heute ermöglichen KI-Tools wie ElevenLabs, PlayHT und Murf jedem, Studioqualität in Dutzenden von Stimmen, Sprachen und emotionalen Nuancen zu produzieren – mit nichts weiter als einem Textskript und wenigen Klicks.

Das Geschäftsmodell ist einfach. Kunden – von YouTubern und Podcastern über Marketer und Dozenten bis hin zu Hörbuchverlagen – benötigen Voiceovers für ihre Projekte. Anstatt teure Sprecher zu engagieren, können sie Sie dafür bezahlen, schnelle, kostengünstige und hochwertige KI-generierte Sprachaufnahmen zu erstellen. Sie werden zur Schnittstelle zwischen Kundennachfrage und KI-Technologie. Sie müssen nichts selbst aufnehmen. Sie bieten lediglich die Dienstleistung an, steuern den Workflow und liefern ein fertiges Produkt. Dank Automatisierung können Sie sogar mehrere Kunden gleichzeitig bedienen und skalieren.

Zu Beginn wählen Sie ein oder zwei KI-Voice-Tools mit kommerziellen Nutzungsrechten. ElevenLabs gilt derzeit als besonders fortschrittlich und realistisch, mit mehrsprachigen und emotional differenzierten Stimmen. Sie können Ihre eigene Stimme klonen oder aus Hunderten vorgefertigter Stimmen wählen. Für einfache Marketing-Voiceovers bieten auch Murf und PlayHT hervorragende Ergebnisse sowie Funktionen für Teamarbeit. Diese Plattformen bieten in der Regel erschwingliche Monatsabos, mit denen Sie mehrere Stunden Audio pro Monat generieren können – ideal für ein margenstarkes Dienstleistungsgeschäft.

Als Nächstes entscheiden Sie sich für eine Nische. Statt Voiceovers „für alles“ anzubieten, spezialisieren Sie sich. Zum Beispiel auf YouTube-Erklärvideos, Kindergeschichten, Immobilien-Virtuelle-Tour-Narrationen, Hörbuchproduktionen oder Online-Kurs-Vertonungen. So wird es einfacher, Ihr Angebot zu vermarkten, Kunden zu finden und eine klare Marke aufzubauen. Wenn Sie mehrere Sprachen sprechen oder Übersetzungen anbieten, können Sie sich als zweisprachiger oder mehrsprachiger Voiceover-Experte positionieren – eine äußerst wertvolle Spezialisierung auf globalen Märkten.

Richten Sie nun Ihre einfache Geschäftsstruktur ein. Sie benötigen eine Landingpage oder ein Profil auf Plattformen wie Fiverr, Upwork oder Ihrer eigenen Website. Präsentieren Sie Beispiel-Audioclips (mit KI erstellt), listen Sie Ihre Pakete auf (z. B. 100 Wörter für 25 €, 500 Wörter für 75 €) und bieten Sie Lieferzeiten von 24–72 Stunden an. Nutzen Sie Automatisierungstools wie Google Forms oder Tally.so, um Projektdetails zu erfassen. Wenn ein Kunde ein Skript einreicht, verarbeiten Sie es in Ihrem KI-Tool, fügen bei Bedarf einfache Bearbeitungen oder Hintergrundmusik hinzu (z. B. mit Descript oder Audacity) und liefern die Datei per Download-Link zurück. Sie können sogar ChatGPT verwenden, um Skripte vor der Vertonung zu optimieren oder umzuschreiben.

Die Skalierung dieses Geschäfts ist ebenfalls unkompliziert. Sie können feste Pakete erstellen, Zusatzleistungen verkaufen (Musik, Soundeffekte, Übersetzungen) und mit Tools wie Zapier oder Make.com die Auftragsannahme, Rechnungsstellung und Lieferung automatisieren. Mit wachsender Kundenbasis können Sie monatliche Retainer für Podcast-Intros, Kanal-Narrationen oder wiederkehrende Inhalte anbieten – und so aus Einmalaufträgen ein stabiles, wiederkehrendes Einkommen machen. Langfristig können Sie daraus eine vollständige digitale Audioagentur aufbauen, die vollständig durch KI und Automatisierung betrieben wird.

Besonders attraktiv sind die Gewinnmargen. Ohne Lagerbestand, Versandkosten, Personalkosten und mit minimalen Softwaregebühren ist nahezu jeder verdiente Euro reiner Gewinn. Noch besser: Sie können das gesamte Geschäft von Ihrem Laptop aus betreiben – auf Reisen, in Teilzeit oder parallel zu anderen Einkommensquellen. Es ist risikoarm, schnell startklar und hoch skalierbar.

Wenn Sie ein Dienstleistungsgeschäft mit nahezu sofortiger Nachfrage starten möchten, ist Voiceover-as-a-Service mit KI ein idealer Einstieg. Sie können heute beginnen – ohne Erfahrung, ohne stimmliches Talent und mit sehr wenig Startkapital. Alles, was Sie brauchen, ist eine kluge Strategie und die richtigen Tools. Sobald Sie Ihr erstes KI-Voiceover verkaufen, erkennen Sie das enorme Potenzial dieses Modells und wie vielseitig es sich weiterentwickeln lässt.

Samanthas Geschichte

Samantha hatte schon immer mit dem Gedanken gespielt, Unternehmerin zu werden, fühlte sich jedoch nie ausreichend qualifiziert. Sie war keine Programmiererin, hatte kein eigenes Produkt und war eher zurückhaltend. Sie arbeitete Vollzeit als Rezeptionistin in einer Arztpraxis und hörte während ihres Arbeitswegs häufig Hörbücher und YouTube-Videos. Eines Abends stieß sie in einer Facebook-Gruppe für

Remote-Einkommensideen auf einen Beitrag, in dem jemand behauptete, im letzten Monat 4.000 Dollar mit KI-Voiceovers verdient zu haben. Neugierig und skeptisch zugleich klickte sie auf den Link.

Der Beitrag führte sie zu einer Demo von ElevenLabs. Eine Frau tippte einen kurzen Absatz ein, wählte eine lebensechte Stimme aus und erzeugte in weniger als einer Minute eine fehlerfreie, emotional ausdrucksstarke Aufnahme. Samantha war beeindruckt. Es klang überhaupt nicht robotisch – fast nicht von einem professionellen Sprecher zu unterscheiden. Noch am selben Abend meldete sie sich für eine kostenlose Testversion an und experimentierte stundenlang mit verschiedenen Stimmen, Akzenten und Emotionen. Innerhalb weniger Tage hatte sie ein Dutzend Beispielaufnahmen erstellt – darunter Kinderbuch-Narrationen, motivierende Podcast-Intros und sogar ein Immobilien-Skript auf Spanisch.

Samantha beschloss, es ernst zu nehmen. Mit Canva entwarf sie ein Logo und baute eine einfache Website mit Startseite, Preisen, Kontaktformular und eingebetteten Audio-Beispielen. Anschließend eröffnete sie ein Fiverr-Profil mit drei Paketen: 25 € für bis zu 150 Wörter, 75 € für 500 Wörter und ein Premium-Paket für 125 € mit längeren Skripten und Hintergrundmusik. ChatGPT half ihr bei der Formulierung ihres Profils, der Überschriften und FAQs. Mit kostenlosen Tools und ihrem KI-Abo war sie offiziell im Geschäft.

Ihr erster Kunde kam innerhalb von 48 Stunden – ein kleiner YouTube-Kanal, der eine Erklärvideo-Narration benötigte. Samantha generierte die Aufnahme mit einer selbstbewussten weiblichen Stimme in ElevenLabs und bearbeitete sie mit Descript. Die Lieferung erfolgte innerhalb von 24 Stunden. Der Kunde war begeistert und hinterließ eine 5-Sterne-Bewertung. Diese Bewertung zog weitere Kunden an, darunter einen Immobilienmakler, der zehn Voiceovers für virtuelle Hausführungen benötigte. Plötzlich war sie eine Woche im Voraus ausgebucht.

Im Laufe des nächsten Monats baute sie eine umfangreiche Stimmenbibliothek auf und testete sogar das Klonen ihrer eigenen Stimme. Sie bot ein „persönlicher Erzähler"-Paket an und gewann einen Kunden, der sein gesamtes Hörbuch in seiner eigenen Stimme vertonen wollte – ohne selbst etwas aufzunehmen. Samantha berechnete 400 € und lieferte in drei Tagen. Ihr Selbstvertrauen wuchs enorm. Sie automatisierte die Auftragsannahme mit Tally.so, verwaltete Bestellungen in Google Sheets und verdiente im zweiten Monat 2.300 € – mehr als in ihrem Nebenjob.

Der Wendepunkt kam mit monatlichen Retainern. Sie kontaktierte Podcast-Hosts und Content Creator mit dem Angebot: „Ich werde Ihr KI-Voiceover-Partner und liefere wöchentlich Intros oder Promo-Spots zu einem festen Monatsbetrag." Drei Kunden unterschrieben für 250 € pro Monat. Das bedeutete wiederkehrendes Einkommen ohne ständige Neukundenakquise.

Im fünften Monat ersetzte Samantha ihr gesamtes Gehalt und kündigte ihren Job. Was als Experiment begann, wurde zu einem vollwertigen Unternehmen. Ohne Lagerbestand, ohne Mitarbeiter und ohne eigenes Mikrofon leitete sie eine moderne, KI-gestützte Agentur. KI war ihr Team – und ihre Worte wurden zur Stimme anderer.

Kapitel 2: KI-gestützte Content-Repurposing-Agentur

Eine der derzeit gefragtesten Dienstleistungen in der Creator-Ökonomie ist Content-Repurposing – also die Umwandlung von Long-Form-Inhalten wie Podcasts, YouTube-Videos, Webinaren oder Blogartikeln in zahlreiche kurze, plattformoptimierte Inhalte. Mit KI können Sie heute eine Repurposing-Agentur aufbauen, die professionelle Clips, Zitate, Social-Media-Captions, Reels und Artikel liefert – ganz ohne klassische Editing-Erfahrung. Dieser Service ist besonders wertvoll für Content Creator, Coaches, Marketer und kleine Unternehmen, die auf mehreren Plattformen wachsen möchten, aber weder Zeit noch Team dafür haben.

Im Kern dieses Modells steht die Transformation eines Inhalts in zehn oder mehr Outputs. Eine 30-minütige Podcastfolge kann beispielsweise zu fünf Instagram-Reels, drei TikToks, einem YouTube-Short, einem Blogartikel und einem Newsletter werden. Das ist Content-Multiplikation – und dafür sind Creator bereit zu zahlen. KI-Tools wie Opus Clip, Pictory, Descript, Wisecut und CapCut automatisieren Szenenauswahl, Untertitel, Schnitt und Branding. Mit ChatGPT oder Jasper lassen sich aus Transkripten in

Sekunden Social-Captions, Zusammenfassungen und E-Mails erstellen.

Um dieses Business zu starten, beherrschen Sie zunächst zwei bis drei Tools. Opus Clip eignet sich hervorragend, um virale Momente aus langen Videos zu extrahieren. Descript hilft bei der Transkription und visuellen Audio-Bearbeitung – ideal für Podcasts. CapCut mit Templates sorgt für professionelle TikTok- oder Instagram-Formate. Mit ChatGPT oder Claude erstellen Sie ergänzende Texte wie Zitate und Captions. Sie benötigen keine teure Software oder Schnittausbildung – nur einen klar strukturierten Workflow.

Positionieren Sie sich anschließend als Content-Repurposing-Spezialist. Wählen Sie eine Nische wie YouTuber, Immobilien-Influencer, Coaches, Autoren oder Startup-Gründer. Erstellen Sie Vorher-Nachher-Beispiele, indem Sie ein öffentliches YouTube-Video durch Ihren Workflow laufen lassen und zeigen, was daraus entsteht. Diese Beispiele dienen als Portfolio – etwa auf einer Notion-Seite, in einem Google-Drive-Ordner oder auf einer einfachen Website. Zusätzlich können Sie Ihre Dienstleistung auf Upwork, Fiverr oder Twitter anbieten, zunächst mit 1–3 Clip-Paketen als Einstieg.

Preislich verlangen viele Agenturen zwischen 200 € und 1.500 € pro Monat – abhängig vom Leistungsumfang. Ein einsteigerfreundliches Modell ist ein wöchentliches Content-Paket: Sie erhalten jede Woche ein 30-minütiges Video und liefern fünf Short-Clips plus Social-Caption-Paket für beispielsweise 299 € monatlich. Zusatzoptionen können gebrandete Untertitel, vertikale Formate, Thumbnails oder Podcast-Zusammenfassungen sein. Später können Sie Social-Media-Management oder Content-Bundles ergänzen.

Zur Automatisierung nutzen Sie Make.com oder Zapier für Dateiupload, Benachrichtigung und Lieferung. Kunden laden ihr Video in einen Google-Drive-Ordner oder übermitteln einen Link per Formular. Sie werden informiert, verarbeiten das Material mit Ihrem KI-Workflow und liefern es in einem strukturierten Ordner mit Notion-Link zurück. So entsteht ein skalierbares, effizientes System.

Die Stärke dieses Modells liegt im wiederkehrenden Umsatz. Creator benötigen kontinuierlich Inhalte. Finden sie einen zuverlässigen Partner, bleiben sie langfristig. Mit zehn Kunden zu je 299 € monatlich erzielen Sie fast 3.000 € wiederkehrenden Umsatz. Mit Templates und Automatisierungen lässt sich das in wenigen Stunden pro Woche erfüllen – oder später an einen virtuellen Assistenten delegieren.

KI-gestütztes Content-Repurposing ist eines der praktikabelsten und skalierbarsten Service-Modelle. Es ist gefragt, schnell startbar und stark zeitgehebelt. Und da Ihre Kunden durch Sie wachsen, steigt auch Ihr Wert.

Diego – der freiberufliche Grafikdesigner

Diego war freiberuflicher Grafikdesigner und müde vom ständigen Akquirieren einzelner Aufträge. Der Wechsel zwischen Auftragsflaute und Überlastung zermürbte ihn. Eines Abends entdeckte er in einem YouTube-Video über KI-Tools für Kreative eine Demo von Opus Clip. Das Tool extrahierte automatisch virale Clips aus einem Podcast – mit Untertiteln, Emojis und Zoom-Effekten. Diego erkannte sofort: Das ist nicht nur ein Tool, das ist ein Geschäftsmodell.

Am nächsten Tag testete er es. Er lud ein frei verfügbares YouTube-Interview hoch und erhielt innerhalb weniger Minuten fünf fertige Shorts. Mit CapCut fügte er Branding und Musik hinzu. ChatGPT erstellte die passenden Instagram-Captions. Alles organisierte er auf einer übersichtlichen Notion-Seite. Zwei Stunden Arbeit – Ergebnis wie von einer Marketingagentur.

Er kontaktierte einen Business-Coach und bot an: „Geben Sie mir ein Video, ich liefere fünf virale Shorts kostenlos. Wenn Sie zufrieden sind, biete ich ein Wochenpaket an.“ Der Coach sagte zu. Einer der Clips erzielte innerhalb von 24 Stunden mehr Aufrufe als seine letzten fünf Videos zusammen. Er unterschrieb sofort ein Paket für 250 € pro Woche.

Mit diesem ersten Kunden gründete Diego „Clip Reactor". Er baute eine Landingpage mit Carrd, richtete ein Upload-System über Google Drive ein und strukturierte seine Workflows mit Opus Clip, Descript und ChatGPT. Innerhalb von drei Wochen hatte er vier Kunden auf Monatsbasis.

Sein Angebot war klar: „Sie nehmen einmal pro Woche auf – ich mache daraus zehn Content-Stücke." Je mehr Content seine Kunden produzierten, desto mehr brauchten sie ihn. Empfehlungen folgten.

Er automatisierte alles: Formular, Upload, Lieferung. KI übernahm die Hauptarbeit. Diego fokussierte sich auf Kundenbeziehungen und Prozessoptimierung. Mit wachsendem Volumen stellte er einen virtuellen Assistenten ein.

Nach drei Monaten verdiente Diego über 4.000 € monatlich – mit stabilen, wiederkehrenden Einnahmen. Er begann sogar, eigenen Content über KI-Repurposing zu veröffentlichen. Daraus entstand ein digitales Produkt, das in zwei Wochen 1.200 € einbrachte.

Was als Nebenprojekt begann, wurde zur skalierbaren Agentur. Keine Hektik mehr, kein Einkommens-Reset am Monatsanfang. Nur Wachstum.

Mit jedem Clip wuchsen seine Kunden – und mit ihnen seine Zukunft.

Kapitel 3: KI-gestützter Lead-Generierungsservice für lokale Unternehmen

Lokale Unternehmen sind auf einen konstanten Strom neuer Leads angewiesen, um zu überleben – ob es sich um einen Immobilienmakler handelt, der Käufer sucht, einen Zahnarzt, der neue Patienten gewinnen möchte, oder einen Personal Trainer, der seine Termine füllen will. Das Problem: Die meisten Kleinunternehmer haben weder die Zeit noch das digitale Marketing-Know-how, um kontinuierlich online Leads zu generieren. Genau hier setzen Sie an – mit einem „Done-for-You"-Lead-Generierungsservice auf KI-Basis für lokale Unternehmen, ganz ohne manuelle Kaltakquise oder bezahlte Werbung.

Im Kern dieses Geschäftsmodells nutzen Sie KI-Tools, um Leads zu identifizieren, zu qualifizieren, automatisiert zu kontaktieren und vorqualifizierte Interessenten an Ihre Kunden zu liefern. Statt stundenlang Daten zu sammeln oder einzelne E-Mails manuell zu versenden, arbeiten Sie mit intelligenten Tools, die Zielgruppen finden und automatisch nachfassen. Sie müssen kein Verkaufsexperte sein – die KI übernimmt einen Großteil der Arbeit. Dadurch entsteht eines der skalierbarsten Service-Modelle für Solo-Unternehmer.

Beginnen Sie mit der Auswahl einer lokalen Nische. Immobilienmakler, Bauunternehmen, Handwerksbetriebe, Dachdecker, Med Spas oder Anwälte sind hervorragende Startpunkte, da sie hochpreisige Dienstleistungen anbieten und oft wenig Marketingstruktur haben. Wählen Sie anschließend eine konkrete Region, zum Beispiel: „Lead-Generierung für Immobilienmakler in Orlando" oder „KI-gestützte Patientengewinnung für Zahnärzte in Miami". Je spezifischer Ihre Positionierung, desto stärker Ihre Botschaft.

Ihr System besteht aus drei Elementen:

1. Lead-Quelle
2. Kontaktmethode
3. KI-gestütztes Follow-up-System

Mit Tools wie PropertyRadar, Apollo.io oder lokalen Branchenverzeichnissen erstellen Sie gezielte Listen nach Branche, Standort und Verhalten. Anschließend finden Sie Kontaktdaten über Verifizierungs-Tools oder LinkedIn-Scraper. Diese Kontakte integrieren Sie in automatisierte Sequenzen über Instantly, Smartlead oder GoHighLevel – kombiniert mit ChatGPT für personalisierte Ansprache.

Besonders wertvoll wird Ihr Service durch automatisierte Funnel-Systeme. Sie erstellen z. B. eine Terminbuchungsseite über Calendly oder TidyCal, integrieren einen KI-Chatbot mit ManyChat oder Chatbase und lassen Interessenten selbst Termine buchen. Ergebnisse tracken Sie über Google Sheets, Notion oder ein CRM-Dashboard. Für lokale Unternehmer ist diese Struktur extrem attraktiv, da sie schnell Ergebnisse sehen, ohne Technik lernen zu müssen.

Preislich können Sie zwischen 500 € und 2.000 € monatlich verlangen – je nach Leistungsumfang. Manche Kunden bevorzugen eine monatliche Pauschale, andere zahlen pro qualifiziertem Termin. Ein Hybridmodell funktioniert ebenfalls gut: 500 € Grundgebühr + 50 € pro gebuchtem Termin. Sobald Ihr System in einer Nische funktioniert, können Sie es in anderen Städten oder Branchen duplizieren. Kein neues Setup nötig – nur anpassen und replizieren.

Standardisieren Sie Ihren Prozess. Erstellen Sie wiederverwendbare KI-Prompt-Vorlagen wie:
„Schreibe eine Kaltakquise-E-Mail für einen Immobilienmakler in Miami, der kostenlose Immobilienbewertungen anbietet.“

Automatisieren Sie Nachfass-E-Mails, Terminbestätigungen und Reporting mit Zapier. Mit einem klaren System können Sie 10 oder mehr Kunden alleine betreuen – oder später einen virtuellen Assistenten einarbeiten.

Der Unterschied zu klassischen Marketingagenturen liegt im Automatisierungsfokus. Sie bauen keine komplexen Websites, verwalten keine teuren Werbekampagnen und verbringen keine Stunden in Meetings. Sie liefern ein klares Ergebnis: qualifizierte Leads, die bereit sind zu sprechen.

Besonders stark ist dieses Modell in krisenresistenten Branchen wie Immobilien, Recht, Gesundheitswesen und Handwerk. Diese Unternehmen brauchen immer Kunden. Wenn Sie derjenige sind, der sie liefert – sogar im Schlaf – steigt Ihr Wert enorm.

Wenn Sie ein schlankes, skalierbares und einkommensstarkes KI-Geschäft von zu Hause aus betreiben möchten, ist Lead-Generierung für lokale Unternehmen eine kluge Entscheidung.

Sprechen wir nun über Melissas Geschichte.

Melissa arbeitete jahrelang als virtuelle Assistentin. Sie verwaltete E-Mails, Kalender und Social-Media-Konten für verschiedene Unternehmer. Die Bezahlung war durchschnittlich, die Arbeitszeiten unbeständig, und sie fühlte sich gefangen in Routineaufgaben. Sie wollte finanzielle und kreative Freiheit – wusste aber nicht, wie sie ihre organisatorischen und technischen Fähigkeiten in ein eigenes

Geschäft verwandeln sollte. Das änderte sich, als sie einen Podcast über KI-gestützte Lead-Generierung hörte.

Der Podcast erklärte, wie man Outreach für lokale Unternehmen automatisiert und monatliche Retainer für ein universelles Bedürfnis verlangt: neue Kunden. Melissa war fasziniert. Noch am selben Abend schrieb sie eine Checkliste und entschied, es zu testen.

Sie begann mit Immobilienmaklern in Orlando. Über eine Testversion von Apollo.io erstellte sie eine Liste mit 50 Maklern inklusive verifizierter E-Mail-Adressen. Mit ChatGPT formulierte sie eine professionelle Kaltakquise-Mail inklusive Calendly-Link. Zwei Tage später antwortete ein Makler namens James: „Erzähl mir mehr."

Melissa bot an, eine Woche kostenlos Leads zu liefern. Über PropertyRadar identifizierte sie potenzielle Verkäufer und kontaktierte sie mit personalisierten Nachrichten. Innerhalb von 72 Stunden hatte sie drei Antworten und einen gebuchten Termin für James. Er unterschrieb für 600 € im Monat – und empfahl sie weiter.

Melissa baute ein Notion-Dashboard zur Lead-Verfolgung, automatisierte Follow-ups mit Zapier und strukturierte alles über Google Sheets. Ihr neues Geschäft lief effizient – nur mit Laptop und KI-Tools.

Sie erweiterte ihre Zielgruppe: Med Spas, Dachdecker, Einwanderungsanwälte. Das Angebot blieb gleich: „Ich bringe Ihnen qualifizierte Leads – Sie sprechen nur mit Interessenten, die bereit sind zu buchen."

Nach 60 Tagen hatte sie fünf Kunden und fast 3.000 € monatlich wiederkehrendes Einkommen. Im Gegensatz zu ihrer früheren Arbeit wurde sie jetzt für Ergebnisse bezahlt – nicht für Stunden. Sie stellte sogar ihre Cousine ein, um Listen zu organisieren.

Der Durchbruch kam, als eine Kanzlei nach spanischsprachigen Leads fragte. Melissa sprach fließend Spanisch. Sie entwickelte einen zweisprachigen Funnel – und verdoppelte ihren Umsatz innerhalb eines Monats.

Heute betreibt Melissa ihre eigene automatisierte Lead-Generierungsagentur. Sie arbeitet weniger, verdient mehr und hat volle Kontrolle über ihren Zeitplan. Und das Beste: Sie hilft kleinen Unternehmen zu wachsen – und wird dafür geschätzt.

Kapitel 4: KI-Template-Shop für digitale Downloads

Eines der einfachsten und profitabelsten KI-gestützten Geschäftsmodelle, das Sie ohne Lagerbestand starten können, ist ein digitaler Template-Shop. Templates sind vorgefertigte, sofort einsetzbare Dateien, die Menschen herunterladen und anpassen können – und die Nachfrage danach ist enorm. Dazu gehören Geschäftsdokumente, Verträge, Lebensläufe, Ernährungspläne, Social-Media-Kalender, Pitch-Decks, Planer, eBook-Layouts, Immobilien-Marketingmaterialien und vieles mehr. In Kombination mit KI und Plattformen wie Canva, Notion, Google Docs oder Excel können Sie schnell Dutzende oder sogar Hunderte digitale Produkte erstellen, die automatisiert verkauft werden.

Der große Vorteil dieses Modells liegt in seiner Skalierbarkeit und Automatisierung. Sie erstellen ein Template einmal, laden es in einen Online-Marktplatz oder Ihren eigenen Shop hoch – und es kann unbegrenzt oft verkauft werden. Es gibt kaum Kundenservice, abgesehen von gelegentlichen Fragen, und die Auslieferung erfolgt automatisch per Download-Link. Mit KI-Tools wie ChatGPT, Claude oder Jasper lassen sich in Minuten inhaltsreiche Vorlagen wie Businesspläne, Verkaufs-E-Mails oder Skripte generieren. Für designorientierte Templates nutzen Sie Canva mit KI-Elementen, um moderne Layouts schnell umzusetzen.

Starten Sie, indem Sie eine Nische wählen, in der Templates ein konkretes Problem lösen. Kleinunternehmer suchen ständig Social-Media-Planer, Rechnungs-Vorlagen, Onboarding-Dokumente oder Branding-Kits. Jobsuchende benötigen Lebenslauf-Templates, Anschreiben und LinkedIn-Leitfäden. Fitness-Coaches brauchen Kundenfragebögen, Fortschritts-Tracker oder Ernährungspläne. Wählen Sie eine Zielgruppe und entwickeln Sie 5–10 Templates, die ihren Alltag oder ihr Geschäft spürbar erleichtern.

Erstellen Sie anschließend die Produkte. Nutzen Sie ChatGPT für Inhalte wie Geschäftspläne oder E-Mail-Sequenzen. Gestalten Sie alles in Canva mit klarer Struktur und ansprechendem Design. Ein Beispiel: Eine „Immobilien-Präsentationsvorlage“ könnte fertige Folien, Call-to-Action-Texte und Platzhalter für Bilder enthalten. Exportieren Sie Ihre Templates als PDF, Google-Doc, Notion-Seite oder Canva-Link. Organisieren Sie alles in Google Drive, Dropbox oder direkt in einer Verkaufsplattform für automatische Auslieferung.

Richten Sie danach Ihren Shop ein. Sie können auf Etsy, Gumroad, Payhip oder über eine eigene Website mit Shopify oder Podia verkaufen. Jede Produktseite sollte einen überzeugenden Titel, eine SEO-optimierte Beschreibung und hochwertige Vorschaubilder enthalten. Für Business-Zielgruppen betonen Sie Zeit- und Kosteneinsparung. Für Kreative oder Coaches heben Sie Design und Benutzerfreundlichkeit hervor. Bundles erhöhen den wahrgenommenen Wert erheblich.

Die Preise können zwischen 5 € für eine einfache Vorlage und über 100 € für Premium-Bundles liegen. Besonders beliebt sind Pakete im Bereich von 27 € oder 47 €, die 10–20 Dokumente enthalten. Der große Vorteil: Ein fertiges Template kann unbegrenzt verkauft werden – ohne zusätzliche Arbeit.

Um Traffic aufzubauen, nutzen Sie Pinterest, YouTube Shorts, Instagram Reels oder TikTok, um Ihre Templates in Aktion zu zeigen. Bieten Sie kostenlose Versionen als Lead-Magnet an und bauen Sie eine E-Mail-Liste auf. Mit Tools wie Systeme.io oder MailerLite richten Sie automatisierte Verkaufssequenzen ein. Wer einmal kauft, kauft oft erneut – besonders wenn Sie saisonale Bundles oder monatliche Neuerscheinungen anbieten.

Dieses Modell erfordert keine Kundengespräche, keine Deadlines und keinen Versand. Sie arbeiten einmal und verdienen langfristig. Dank KI ist die Erstellung schneller als je zuvor. Wenn Sie ein wirklich passives, globales Business ohne Lagerbestand und mit minimalen Fixkosten aufbauen möchten, ist ein KI-Template-Shop eine der klügsten Entscheidungen für 2026 und darüber hinaus.

Lenas Weekly Goal Planner

Lena war schon immer extrem organisiert. Ihre Freunde neckten sie wegen ihrer farbcodierten Kalender und detaillierten Systeme. Jahrelang arbeitete sie als Projektkoordinatorin in einem Startup und entwickelte interne Templates für Onboarding, Marketingkampagnen und SOPs. Dann verlor sie durch eine Firmenverkleinerung ihren Job. Der Schock saß tief.

Eines Abends entdeckte sie ein YouTube-Video mit dem Titel: „1.000 $ pro Woche mit Templates verdienen – erstellt mit ChatGPT.“ Skeptisch, aber neugierig, schaute sie weiter. Der Creator zeigte, wie man KI nutzt, um inhaltsreiche Dokumente zu erstellen und sie über Canva oder Notion weiterverkauft.

Lena erkannte sofort ihr Potenzial. Sie hatte über Jahre hinweg professionelle Templates entwickelt. Noch in derselben Nacht begann sie, alte Dateien zu überarbeiten. Am nächsten

Morgen hatte sie ihr erstes Produkt: ein „Solopreneur Starter Pack“ mit Businessplan, Content-Kalender, Projekt-Tracker und Onboarding-Dokument.

Sie gestaltete alles in Canva, passte die Texte mit ChatGPT an und lud das Paket für 19 € auf Gumroad hoch. Zwei Stunden später kam die erste Bestellung. Dieses Gefühl – für einmalige Arbeit bezahlt zu werden – war überwältigend.

Motiviert entwickelte sie weitere Nischenprodukte: eine „Open-House-Checkliste für Immobilienmakler“, einen „Wochenplaner für Personal Trainer“ und eine „Angebotsvorlage für Freelancer“. Sie bündelte sie thematisch und verkaufte sie auf Etsy und Payhip.

Im ersten Monat verdiente sie 480 €. Noch kein Durchbruch – aber ein Beweis. Sie startete Pinterest-Pins, drehte kurze Instagram-Reels und bot einen kostenlosen „Weekly Goal Planner“ im Austausch für E-Mail-Adressen an. Innerhalb weniger Wochen hatte sie 200 Abonnenten. Beim nächsten Bundle-Launch verdiente sie 900 € in fünf Tagen.

Mit der Zeit wurde ihr Template-Shop zu einem digitalen Regal voller automatisierter Produkte. Kunden aus Australien, Deutschland und Südafrika kauften ihre Downloads. Sie wurde internationale Unternehmerin – ohne Versand, ohne Lagerbestand, ohne Team.

Im vierten Monat lag ihr durchschnittlicher Umsatz bei 2.200 € pro Monat – größtenteils passiv. Manche Tage brachten 0 €, andere 200 € über Nacht. Doch sie hatte ein System geschaffen, das ohne ständigen Hustle wuchs.

Was als Plan B nach einer Kündigung begann, wurde zu ihrem Plan A: ein Lifestyle-Business, betrieben mit KI, strukturierten Templates und dem Wunsch, anderen Menschen das Leben zu erleichtern.

Kapitel 5: KI-gestütztes Hörbuch-Publishing-Business

Die Hörbuchbranche boomt – der weltweite Umsatz wird in den kommenden Jahren auf über 35 Milliarden US-Dollar geschätzt. Dank KI-gestützter Sprachgeneratoren benötigen Sie heute weder einen professionellen Sprecher noch ein Tonstudio oder einen klassischen Verlagsvertrag, um daran teilzunehmen. Jeder mit Wissen, einer überzeugenden Idee oder sogar nur einer gut strukturierten Gliederung kann ein eigenes Hörbuch-Publishing-Business starten – vollständig betrieben durch KI. Dieses Modell ist skalierbar, kreativ, weitgehend passiv und überraschend leicht umzusetzen.

Im Kern kombinieren Sie KI-Sprachtechnologie mit Sachbuch-Publishing. Mit Tools wie ElevenLabs, PlayHT oder Narakeet wandeln Sie Text in realistische, ausdrucksstarke Sprachaufnahmen um – ohne hohe Produktionskosten. Sie schreiben oder generieren Inhalte, konvertieren sie in Audio und veröffentlichen sie auf Plattformen wie Findaway Voices, Spotify, Kobo oder verkaufen sie direkt über Gumroad. Mit der richtigen Nische und klarer Positionierung kann ein einziges Hörbuch über Jahre hinweg Tantiemen generieren.

Der erste Schritt ist die Wahl eines profitablen, suchstarken Themas. Konzentrieren Sie sich auf konkrete Probleme:

Finanzbildung, Nebenverdienste, Produktivität, Karrierewechsel, Elternratgeber, Fitnessstrategien oder KI-Tutorials. Recherchieren Sie mit Keyword-Tools, Audible-Suche oder Amazon, wonach Menschen aktiv suchen. Eine effektive Strategie ist es, eine Serie von 10 Büchern zu einem übergeordneten Thema zu erstellen, etwa „Finanzielle Freiheit für Einsteiger“ oder „Erfolgreich im Remote-Work-Zeitalter“.

Erstellen Sie anschließend den Inhalt. Sie können selbst schreiben, mit ChatGPT kooperieren oder bestehende Blog- oder Kursmaterialien umwandeln. Ideal sind 5.000–10.000 Wörter pro Buch, strukturiert in klar definierte Kapitel. Achten Sie auf leicht verständliche, gut hörbare Formulierungen. Nach Fertigstellung konvertieren Sie Kapitel für Kapitel in hochwertige MP3-Dateien mit Ihrem KI-Tool. Feinschliff erfolgt bei Bedarf mit Audacity oder ähnlichen Programmen.

Für die Veröffentlichung benötigen Sie gleichmäßige Audiopegel, Intro- und Outro-Credits sowie ein Cover im Format 3000x3000 Pixel. Mit Canva erstellen Sie auffällige Designs mit klarem Titel und Untertitel. Über Findaway Voices erreichen Sie über 40 Plattformen, darunter Spotify und Apple Books. Sie behalten die Rechte und erhalten Tantiemen pro Verkauf.

Darüber hinaus können Sie Ihre Hörbücher direkt auf Ihrer Website verkaufen, als Bundle mit eBooks kombinieren oder als Bestandteil von Online-Kursen anbieten. Zusätzlich können Sie als Dienstleister auftreten und für andere Autoren Hörbücher produzieren. Mit wachsendem Portfolio bauen Sie nicht nur Produkte, sondern eine Marke auf.

Für effizientes Arbeiten entwickeln Sie eine Produktionspipeline:
ChatGPT für Inhalte → ElevenLabs für Narration → Canva für Cover → Audacity für Feinschliff → Notion zur Projektverwaltung.
Erstellen Sie einen klaren Veröffentlichungsrhythmus, etwa wöchentlich oder zweiwöchentlich. Nutzen Sie kurze Audioausschnitte für Social Media und automatisieren Sie Marketing über E-Mail-Tools.

Dieses Geschäftsmodell ist kostengünstig und langfristig passiv. Einmal veröffentlicht, können Hörbücher dauerhaft Einnahmen generieren. Wer früh startet, sichert sich attraktive Nischen und baut einen profitablen Katalog auf.

Julian – der Träumer

Julian wollte schon immer Autor sein, doch sein Alltag als Lehrer und Familienvater ließ kaum Zeit zum Schreiben. Er liebte Hörbücher und hörte sie täglich auf dem Weg zur Arbeit.

Die Idee, selbst eines zu veröffentlichen, schien jedoch unerreichbar – bis er ein Video über KI-Hörbuchproduktion entdeckte.

Fasziniert testete er ElevenLabs mit einem kurzen Text. Die Qualität überzeugte ihn sofort. Er beschloss, ein kurzes Hörbuch mit dem Titel „Wie du in deinen 20ern Kredit aufbaust“ zu erstellen. Mit ChatGPT entwickelte er eine Struktur und schrieb das Manuskript in wenigen Stunden. Nach leichter Überarbeitung konvertierte er es in Audio, gestaltete ein Cover in Canva und veröffentlichte es über Findaway Voices.

Eine Woche später war sein Hörbuch auf Spotify und Apple Books verfügbar. Noch am ersten Tag verkaufte er eine Ausgabe. Dieses Erlebnis motivierte ihn, zwei weitere Titel zu veröffentlichen. Innerhalb weniger Wochen hatte er eine kleine Bibliothek aufgebaut.

Die Einnahmen waren zunächst gering, aber konstant. Nach einem Monat verdiente er rund 100 US-Dollar. Er entschied sich, strategischer vorzugehen und entwickelte eine 10-teilige Serie „Financial Survival Guide“. Jede Woche erschien ein neuer Band. Mit Social-Media-Posts und kurzen Audio-Clips steigerte er die Sichtbarkeit.

Nach drei Monaten verdiente er über 700 US-Dollar monatlich. Noch wichtiger war das Gefühl von Freiheit. Seine Hörbücher arbeiteten rund um die Uhr für ihn. Zusätzlich begann er, Hörbuchproduktionen für Coaches und Blogger anzubieten – für 300 bis 500 US-Dollar pro Projekt.

Ein Jahr zuvor hätte er nicht geglaubt, dass dies möglich ist. Doch nun war er nicht nur Lehrer, sondern Verleger. Mit Tools unter 50 US-Dollar im Monat hatte er ein skalierbares, kreatives Business aufgebaut – direkt aus seinem Wohnzimmer.

Was als Neugier begann, wurde zu seiner Mission: zu zeigen, dass mit KI, Struktur und dem richtigen Mindset jeder zum Autor – und Unternehmer – werden kann.

Kapitel 6:
Nischen-KI-Newsletter-Business

Newsletter gehören heute zu den wirkungsvollsten Geschäftsmodellen überhaupt. Kombiniert man sie mit KI und fokussiert sich auf eine klar definierte Nische, entstehen hochskalierbare digitale Assets mit enormem Hebel. Im Gegensatz zu Social-Media-Inhalten, die nach 24 Stunden verschwinden, bauen E-Mail-Newsletter eine direkte, eigene Beziehung zu Ihrer Zielgruppe auf. Mit Tools wie ChatGPT, Notion AI oder Beehiiv können Sie wertvolle Inhalte automatisiert erstellen – ohne Texterfahrung und ohne technische Vorkenntnisse.

Das moderne Newsletter-Modell ist schlank und skalierbar und wird meist auf drei Arten monetarisiert: Sponsoring, Affiliate-Marketing und Upselling eigener digitaler Produkte. Entscheidend ist die Wahl einer wachsenden, aber noch nicht übersättigten Nische. Leser suchen kuratierte Inhalte, schnelle Einblicke und echte Mehrwerte – ohne sich durch unzählige Blogartikel oder Foren scrollen zu müssen. Beispiele: „KI-Tools für Immobilienmakler“, „Zero-Waste-Leben im Alltag“, „Krypto für Einsteiger“ oder „Produktivität für Solo-Unternehmer“. Je spezifischer, desto besser. Sie brauchen keine riesige Reichweite – nur eine loyale.

Starten Sie mit einer klaren Positionierung. Welches Versprechen liefert Ihr Newsletter regelmäßig? Zum Beispiel: „Jeden Montag 5 neue KI-Tools für Ihr Online-Business" oder „Jeden Freitag die besten Nebenverdienst-Storys aus der Praxis". Mit ChatGPT können Sie Trend-News zusammenfassen, Tools empfehlen, Inhalte in einem lockeren Ton formulieren oder sogar Betreffzeilen A/B-testen. KI übernimmt bis zu 90 % der inhaltlichen Arbeit.

Für Versand und Design eignen sich Plattformen wie Beehiiv, Substack, MailerLite oder ConvertKit. Beehiiv bietet besonders starke Monetarisierungsfunktionen, eigene Domains und Referral-Systeme. Erstellen Sie eine Landingpage mit einem Lead-Magneten – etwa einer Checkliste oder einem Mini-Guide – und automatisieren Sie die Begrüßungssequenz. Schreiben Sie Ihre Inhalte in Notion oder Google Docs, lassen Sie sie von KI optimieren und planen Sie den Versand wöchentlich oder zweiwöchentlich. Konsistenz ist wichtiger als Perfektion.

Ab etwa 300–500 Abonnenten können Sie mit Affiliate-Links beginnen. Empfehlen Sie relevante Tools oder Software und verdienen Sie wiederkehrende Provisionen. Ab rund 1.000 Abonnenten werden Sponsoren interessant – häufig 100–500 € pro Erwähnung. Plattformen wie Swapstack oder Paved vermitteln Kontakte. Zusätzlich können Sie eigene Produkte verkaufen: Templates, Mini-Kurse oder Premium-Zugänge.

Ein cleverer Ansatz ist die Erstellung sogenannter „Evergreen-Blöcke" – wiederkehrende Rubriken wie „Tool der Woche" oder „Prompt des Monats". So reduzieren Sie Schreibaufwand und erhöhen Wiedererkennungswert. Mit Zapier oder Make.com automatisieren Sie Anmeldungen, Tagging und Tracking. Ihr Newsletter wird zu einer Maschine, die wächst, liefert und Einnahmen generiert – auch im Schlaf.

Der größte Vorteil: Sie besitzen die Beziehung. Algorithmen können sich ändern, Ihre E-Mail-Liste gehört Ihnen. Jeder neue Abonnent bedeutet Vertrauen und langfristiges Potenzial. Sie können sogar mehrere Newsletter in unterschiedlichen Nischen aufbauen – jeweils mit eigener Marke und Monetarisierung.

Wenn Sie ein einfaches, skalierbares KI-Business suchen, das Content, Automatisierung und langfristigen Wert kombiniert, ist ein Nischen-Newsletter eine der klügsten Entscheidungen für 2026.

Cassies Geschichte

Cassie hatte schon immer Freude daran, Dinge zu kuratieren. Ob Playlists, Pinterest-Boards oder Produktempfehlungen –

sie liebte es, das Beste zu filtern und zu teilen. Nach ihrem Ausstieg aus dem HR-Bereich wollte sie nicht zurück in ein 9-to-5, suchte aber nach einem Projekt mit Wirkung.

Als sie eine Fallstudie über jemanden las, der 5.000 € im Monat mit einem Tool-Newsletter verdiente, hatte sie eine Idee: „AI for Creatives" – ein wöchentlicher Newsletter mit 3–5 KI-Tools für Kreative und Solo-Unternehmer.

Innerhalb einer Woche richtete sie Beehiiv ein, baute eine Landingpage und erstellte ein Freebie: „15 KI-Tools für Kreative". Mit ChatGPT strukturierte sie ihre ersten Ausgaben. Ihr Format: kurze Einleitung, Tool-Liste mit Beschreibung, kreativer Prompt der Woche.

Nach 10 Tagen hatte sie 100 Abonnenten. Das Feedback war begeistert. Sie reservierte zwei Stunden pro Woche für Recherche und Erstellung. Als sie 500 Abonnenten erreichte, startete sie mit Affiliate-Links. Kurz darauf erhielt sie ihr erstes Sponsoring-Angebot über 150 €.

Nach drei Monaten hatte sie über 1.200 Abonnenten und mehr als 1.000 € Einnahmen erzielt – durch Affiliates und Sponsoring. Zusätzlich startete sie eine Premium-Stufe für 5 € im Monat mit exklusiven Prompt-Paketen. Rund 8 % ihrer Leser meldeten sich an.

Heute betreibt Cassie ein wachsendes Newsletter-Business – ohne Büro, ohne Mitarbeiter, ohne Lagerbestand. Nur Laptop, KI-Tools und eine engagierte Community.

Was als kreatives Nebenprojekt begann, wurde zu einer Marke. Sie wurde zur Kuratorin von Klarheit im Tech-Chaos. Und alles begann mit einer einfachen Frage: „Was liebe ich – und welchen Mehrwert kann ich damit anderen bieten?"

Kapitel 7: KI-gestützter faceless YouTube-Kanal

Einen YouTube-Kanal zu starten bedeutete früher: vor der Kamera stehen, schneiden können und unzählige Stunden investieren. Heute ist das nicht mehr nötig. Mit modernen KI-Tools können Sie einen kompletten faceless YouTube-Kanal aufbauen – ohne zu filmen, ohne Ihr Gesicht zu zeigen und ohne selbst zu sprechen. Das eröffnet enorme Chancen für alle, die über Werbeeinnahmen, Affiliate-Links oder digitale Produkte verdienen möchten – ganz ohne Kamera-Präsenz oder teure Ausrüstung.

Das faceless-Modell basiert darauf, KI jeden Teil des Content-Prozesses übernehmen zu lassen. Mit ChatGPT erstellen Sie hochwertige Skripte zu Themen wie Finanzen, Motivation, Gesundheit, Tech oder Trends. Anschließend generieren Sie mit Tools wie ElevenLabs oder PlayHT natürliche Voiceovers. Danach kombinieren Plattformen wie Pictory, InVideo oder Vidnoz Ihre Audiospur automatisch mit Stock-Footage, B-Roll und animierten Übergängen. Innerhalb weniger Minuten entsteht ein fertiges Video.

Der wichtigste Schritt ist die Wahl einer profitablen Nische. Ideal sind Evergreen- oder Suchthemen mit langfristigem Monetarisierungspotenzial. Beliebte faceless-Nischen sind

Luxus-Lifestyle, Produktivität, Naturvideos mit Affirmationen, Promi-Biografien, Finanzanalysen oder erklärende Tutorials. Analysieren Sie erfolgreiche Kanäle, identifizieren Sie Lücken und nutzen Sie Tools wie VidIQ oder TubeBuddy, um Suchvolumen und Wettbewerb zu prüfen.

Erstellen Sie Ihr Branding mit Canva: Logo, Banner und auffällige Thumbnails. Produzieren Sie Ihre ersten 5–10 Videos im Batch. Beispiel: Fünf Skripte mit ChatGPT, fünf Voiceovers mit ElevenLabs, fünf Videos mit Pictory – alles an einem Wochenende. Veröffentlichen Sie 3–5 Videos pro Woche und optimieren Sie Titel, Beschreibung und Tags für SEO. Mit wachsender Konsistenz beginnt der Algorithmus, Ihre Inhalte vorzuschlagen.

Die Monetarisierung erfolgt auf mehreren Ebenen. Ab 1.000 Abonnenten und 4.000 Stunden Watchtime können Sie dem YouTube-Partnerprogramm beitreten und Werbeeinnahmen erzielen. Schon davor sind Affiliate-Links möglich – etwa für Software, Tools oder digitale Produkte. Zusätzlich können Sie eigene eBooks, Templates oder Kurse bewerben.

Um zu skalieren, entwickeln Sie ein klares System: Eine Tabelle mit Themenideen, Skripten, Veröffentlichungsdaten und Performance-Tracking. Nutzen Sie KI, um Long-Form-Videos in Shorts oder TikToks umzuwandeln.

Später können Sie Thumbnails oder SEO-Aufgaben auslagern, während die Videoerstellung automatisiert bleibt.

Das Besondere an diesem Modell: Sie bauen ein digitales Asset auf. Alte Videos generieren weiterhin Views und Einnahmen. Ihr Kanal wächst exponentiell mit jedem Upload.

Dieses Geschäftsmodell eignet sich besonders für Introvertierte, Vielreisende oder Berufstätige mit wenig Zeit. Die Einstiegshürden sind minimal. Sie brauchen keine Kamera, kein Studio und keine jahrelange Erfahrung – nur Strategie, Tools und Disziplin.

Andres YouTube-Geschichte

Andre war fasziniert von YouTube, fühlte sich aber unwohl vor der Kamera. Er glaubte lange, die Plattform sei nichts für ihn. Bis er von faceless-Kanälen erfuhr, die komplett mit KI erstellt werden.

Er wählte ein Thema, das ihn interessierte: persönliche Finanzen. Mit ChatGPT erstellte er sein erstes Skript: „5 Nebenverdienste, mit denen du 1.000 € pro Monat verdienen kannst." Mit ElevenLabs erzeugte er das Voiceover. Pictory kombinierte Audio und passende Clips. Innerhalb einer Stunde war sein erstes Video fertig.

Er nannte seinen Kanal „Money Mode", gestaltete ein Thumbnail in Canva und veröffentlichte das Video. Am nächsten Morgen hatte es 83 Aufrufe. Kein Durchbruch – aber ein Start.

In den nächsten Wochen produzierte er zehn weitere Videos. Er entwickelte ein System in Notion, veröffentlichte drei Videos pro Woche und optimierte Titel mit TubeBuddy. Eines seiner Videos – „Mit ChatGPT online Geld verdienen" – erreichte 4.000 Aufrufe und brachte 86 € Affiliate-Provision ein.

Nach zwei Monaten hatte er 780 Abonnenten. Im dritten Monat wurde er für das Partnerprogramm zugelassen. Mit Werbeeinnahmen und Affiliates verdiente er rund 400 € pro Monat – komplett passiv. Alte Videos generierten weiterhin täglich Einnahmen.

Er begann, Shorts zu erstellen und über TikTok und Instagram Traffic zurückzuführen. Nach fünf Monaten hatte er 3.500 Abonnenten und über 1.700 € Umsatz erzielt.

Andre war nie vor der Kamera. Er hatte kein Studio, kein Team, kein Risiko. Nur ein System aus KI-Tools, Struktur und Konsistenz.

Was als Experiment begann, wurde zu einer faceless Einnahmequelle – skalierbar, global und ortsunabhängig.

Kapitel 8: KI-gestützte digitale Produkt-Funnels

Eines der leistungsstärksten und skalierbarsten Geschäftsmodelle, das Sie mit KI aufbauen können, ist ein digitaler Produkt-Funnel. Ein Funnel ist im Grunde ein strukturierter Prozess, der Fremde mithilfe von kostenlosem Content, Lead-Magneten, E-Mail-Automatisierung und strategischen Angeboten in zahlende Kunden verwandelt. Kombiniert mit digitalen Produkten wie eBooks, Mini-Kursen, Templates oder Workshops entsteht ein vollständig automatisiertes Business, das rund um die Uhr läuft, passives Einkommen generiert und unbegrenzt skalierbar ist – ganz ohne Lagerbestand, Versand oder Verkaufsgespräche.

Früher war das Erstellen eines Funnels technisch kompliziert und zeitaufwendig. Heute vereinfacht KI jeden Schritt. Mit ChatGPT können Sie Produktideen entwickeln, Verkaufsseiten schreiben, E-Mail-Sequenzen erstellen und Landingpage-Texte formulieren. Plattformen wie Systeme.io, Kajabi, Podia oder ConvertKit ermöglichen es, Funnels per Drag-and-Drop zu bauen. Kombiniert mit Canva für das Design und Gumroad oder Payhip für die Auslieferung können Sie innerhalb weniger Tage von der Idee zum Einkommen gelangen.

Beginnen Sie mit einer klaren Nische und einem einfachen digitalen Produkt. Beispiele: ein 10-seitiger PDF-Guide, ein 30-minütiges Video-Tutorial, ein Notion-Dashboard oder ein Template-Bundle. Lösen Sie ein konkretes Problem für eine klar definierte Zielgruppe – etwa „Das Freelancer-Onboarding-Kit“ oder „LinkedIn Personal Branding in 7 Tagen“. Nutzen Sie ChatGPT zur Erstellung der Inhalte und formatieren Sie sie in Canva oder Notion.

Als Nächstes erstellen Sie einen Lead-Magneten – ein kostenloses Angebot, das E-Mail-Adressen sammelt. Das kann eine Checkliste, ein Mini-eBook oder ein Video sein. Anschließend schreiben Sie mit ChatGPT eine 3–5-teilige E-Mail-Sequenz: Begrüßung, Story, Mehrwert und Angebot. Diese Sequenz wird automatisiert über ConvertKit oder Systeme.io versendet.

Auch Ihre Landingpage kann mit KI erstellt werden. Lassen Sie sich eine starke Überschrift, eine Nutzenliste, Testimonials und Call-to-Actions generieren. Ergänzen Sie ein Canva-Mockup Ihres Produkts. Plattformen wie Systeme.io integrieren Zahlungsabwicklung direkt – kein Programmieren nötig.

Mit wachsendem Traffic können Sie Upsells hinzufügen. Beispiel: Nach einem 27-€-Produkt folgt ein 97-€-Bundle oder ein 197-€-Coaching-Call. KI kann zusätzliche Boni wie Prompt-Pakete oder Mini-Audiokurse erstellen. A/B-Tests für Headlines oder E-Mails lassen sich ebenfalls mit KI umsetzen.

Für Traffic nutzen Sie Social Media, Blogposts, Shorts oder Pinterest – alles mit KI erstellt. Ein gut optimierter Funnel wird mit der Zeit zu einer digitalen Verkaufsmaschine.

Das Besondere: Dieses Modell ist modular. Ein Funnel kann dupliziert und für neue Zielgruppen angepasst werden. Mehr Produkte bedeuten mehr Einnahmequellen. In der digitalen Wirtschaft 2026 stehen Automatisierung, Personalisierung und leichte Angebote im Fokus. Mit KI können Sie global verkaufen – stressfrei und skalierbar.

Tashas neuer Anfang

Tasha war seit fast zehn Jahren Yogalehrerin. Sie liebte ihre Arbeit, doch das ständige Pendeln und die unregelmäßigen Einnahmen belasteten sie. Sie wünschte sich ein Online-Einkommen – ohne ständig Zeit gegen Geld zu tauschen.

Eine Freundin erzählte ihr von digitalen Produkt-Funnels. Mit ChatGPT entwickelte Tasha die Idee für ein „7-Tage-Morgen-Mobilitätsprogramm" mit kurzen Videos und PDF-Workbook. Sie filmte die Übungen mit ihrem

Smartphone, erstellte die Inhalte mit KI und designte alles in Canva.

Mit Systeme.io baute sie eine einfache Landingpage mit einem kostenlosen „5-Minuten-Stretch-Guide“ als Lead-Magnet. Eine automatisierte E-Mail-Sequenz stellte ihr kostenpflichtiges Programm vor.

Die ersten Verkäufe kamen langsam – dann regelmäßig. Mit Testimonials und einem Bundle-Angebot stiegen die Conversion-Raten. Innerhalb weniger Wochen verdiente sie 300 € monatlich.

Motiviert erstellte sie weitere Produkte: „Desk Yoga für Büroangestellte“ und „Yoga für Stress & Schlaf“. Nach drei Monaten generierten ihre Funnels über 1.200 € monatlich – teils während sie unterrichtete oder wanderte.

Tasha erkannte: Sie musste kein Influencer sein. Sie musste nur ein Problem lösen und einen klaren Weg zum Kauf anbieten. Mit KI konnte sie Inhalte und Technik einfach umsetzen.

Heute unterrichtet sie weniger Stunden und baut eine digitale Produktbibliothek auf. Ihr Ziel ist eine Mitgliedschaft, die ihre Funnels vereint – automatisiert, aber persönlich.

Was als Experiment begann, wurde zur Basis eines profitablen, friedlichen und skalierbaren Online-Business.

Kapitel 9: KI-gestütztes Print-on-Demand-Business

Print-on-Demand (POD) ist ein Geschäftsmodell, bei dem individuelle Produkte – wie T-Shirts, Tassen, Notizbücher, Poster oder Stofftaschen – erst dann produziert werden, wenn eine Bestellung eingeht. Das bedeutet: kein Lagerbestand, keine Vorabkosten und vollständig automatisierter Versand. In Kombination mit KI-Tools für Design und Branding wird Print-on-Demand zu einer der einfachsten und kreativsten Möglichkeiten, eine E-Commerce-Marke mit geringem Risiko und globaler Reichweite aufzubauen.

Das Grundprinzip ist simpel: Sie erstellen originelle Designs oder textbasierte Grafiken mit KI-Tools, laden sie auf Plattformen wie Printful, Gelato oder TeeSpring hoch und verbinden diese mit Marktplätzen wie Etsy, Amazon oder einem eigenen Shopify-Shop. Sobald ein Kunde kauft, übernimmt der POD-Anbieter Druck, Verpackung und Versand – Sie erhalten die Gewinnmarge. Mit einer klaren Nische und starken KI-gestützten Designs können Sie sich selbst in wettbewerbsintensiven Märkten abheben.

Der erste Schritt ist die Wahl einer klar definierten Zielgruppe. Vermeiden Sie allgemeine Designs. Konzentrieren Sie sich auf Gruppen mit starker Identität oder Leidenschaft:

Hundebesitzerinnen, Lehrer, Pflanzenliebhaber, spirituelle Unternehmer, Remote Worker oder Fitnessfans. Je spezifischer Ihre Zielgruppe, desto höher die Conversion-Rate. Mit ChatGPT können Sie Nischen recherchieren, etwa mit der Frage: „Nenne mir 10 unterschätzte POD-Nischen." Entwickeln Sie darauf basierend Slogans, Zitate und Designideen.

Für die Gestaltung nutzen Sie Tools wie Midjourney, DALL·E oder Canva. ChatGPT kann humorvolle, motivierende oder trendige Sprüche generieren. In Canva setzen Sie diese professionell um und achten auf die jeweiligen Druckvorgaben. KI-generierte Illustrationen lassen sich auch für Malbücher, Affirmationskarten oder Wandbilder verwenden. Solange Ihre Designs originell und markenkonform sind, sind die kreativen Möglichkeiten nahezu unbegrenzt.

Nach der Erstellung von 10–20 Produkten richten Sie Ihren Shop ein. Ein Etsy-Shop ist ein einfacher Einstieg, während Shopify mehr Branding-Kontrolle bietet. Verwenden Sie automatisch generierte Mockups der POD-Plattformen und lassen Sie ChatGPT SEO-optimierte Produktbeschreibungen erstellen. Strukturieren Sie Ihre Produkte in klaren Kollektionen wie „Humor für Homeoffice" oder „Yoga-Shirts für Introvertierte“. Einheitliches Branding – Banner, Logo, Farbschema – stärkt Ihre Marke.

Für Traffic setzen Sie auf organische und bezahlte Strategien. Erstellen Sie Pinterest-Pins, Instagram-Posts oder Reels mit Ihren Mockups. Nutzen Sie KI für Bildunterschriften und Werbetexte. Mit kleinen Werbebudgets auf Etsy oder Meta können Sie Bestseller testen. Analysieren Sie regelmäßig die Performance-Daten, um erfolgreiche Designs auszubauen.

Der große Vorteil dieses Modells ist Automatisierung bei minimalem Risiko. Sie kümmern sich ausschließlich um kreative Ideen – Produktion und Versand laufen automatisch. Mit zunehmendem Erfolg können Sie neue Nischen testen, Plattformen erweitern oder digitale Downloads anbieten. Erfolgreiche Designs lassen sich auf mehrere Produkte übertragen – etwa von einer Tasse auf ein Shirt oder Notizbuch.

Skalierung gelingt durch Systeme. Nutzen Sie Notion zur Verwaltung von Designideen, Performance-Tracking und Launch-Planung. Erstellen Sie wiederverwendbare KI-Prompts für neue Sprüche oder Bildideen. Batch-Produktionen erleichtern regelmäßige Produkt-Drops.

Wenn Sie kreativ sind und ein passives Einkommen ohne Lagerbestand oder Kundenservice aufbauen möchten, ist

KI-gestütztes Print-on-Demand einer der zugänglichsten Wege.

Mayas Geschichte

Maya arbeitete als Barista und studierte nebenbei Grafikdesign. Sie wollte nicht als Freelancerin für niedrige Honorare arbeiten, sondern etwas Eigenes aufbauen. Eines Tages sah sie auf TikTok ein Video über KI-generierte Shirts auf Etsy. Ein simples Design mit dem Spruch „Mentally Out of Office" hatte hunderte Verkäufe erzielt. Sie war fasziniert.

Sie meldete sich bei Printful an, verband es mit Etsy und nutzte ChatGPT, um Sprüche für ihre Lieblingszielgruppe – Introvertierte – zu entwickeln. Mit Canva gestaltete sie minimalistische Designs in Schwarz-Weiß. Ihre Marke nannte sie „Quietly Loud Co.".

Drei Tage nach dem Launch kam die erste Bestellung: eine Stofftasche mit dem Spruch „Introverting in Progress". Der Gewinn war klein, aber der Moment unbezahlbar.

Maya entwickelte eine Routine: Jede Woche fünf neue Produkte. Sie testete Themen wie „Coffee + Anxiety" oder „Anti-Small-Talk Club" und baute erfolgreiche Kollektionen aus. Feiertage und saisonale Trends nutzte sie strategisch.

Nach zwei Monaten hatte sie 45 Listings und verdiente rund 300 € monatlich – ohne je ein Produkt selbst anzufassen. Später ergänzte sie Journals, Affirmationskarten und digitale Wall-Art. Mit KI-Illustrationen aus Midjourney und DALL·E steigerte sie ihre Kreativität.

Bald lag ihr Einkommen bei 800 € monatlich – genug, um ihre Arbeitsstunden im Café zu reduzieren. Sie baute eine Shopify-Seite, eine E-Mail-Liste und schaltete Pinterest-Anzeigen.

Was mit einem einzigen KI-generierten Spruch begann, entwickelte sich zu einer echten Marke. Maya wurde Unternehmerin – ohne Lagerbestand, ohne Team, nur mit Kreativität, KI-Tools und Mut zum Start.

Kapitel 10: KI-gestütztes Micro-SaaS-Business

Ein Micro-SaaS (Software-as-a-Service) ist ein schlankes, fokussiertes Softwareprodukt, das ein konkretes Problem für eine klar definierte Nische löst – und gehört heute zu den profitabelsten und skalierbarsten Geschäftsmodellen, die Sie mit KI aufbauen können. Im Gegensatz zu klassischen SaaS-Startups, die Investoren, Entwicklerteams und jahrelange Entwicklungszeit benötigen, sind Micro-SaaS-Projekte klein, spezialisiert und oft von einer einzelnen Person gegründet. Dank No-Code-Plattformen und KI-gestützten Entwicklungstools können Sie heute sogar ohne Programmierkenntnisse Ihre eigene Software auf den Markt bringen.

Das Micro-SaaS-Modell basiert auf einem einfachen Prinzip: Nutzer zahlen eine monatliche oder jährliche Gebühr für den Zugriff auf ein webbasiertes Tool. Dieses Tool löst ein spezifisches Problem – zum Beispiel automatisierte Testimonial-Sammlung für Coaches, ein KI-Betreffzeilen-Tester für E-Commerce-Shops, Lead-Scoring-Automatisierung oder ein Gewohnheitstracker für Selbstständige. Der Schlüssel liegt in der Spezialisierung. Je klarer das Problem, desto höher die Zahlungsbereitschaft.

Der erste Schritt ist Ideenfindung. Nutzen Sie ChatGPT mit Prompts wie: „Nenne 10 Probleme, mit denen Freelancer täglich kämpfen" oder „Welche Tools würden Solopreneure monatlich bezahlen?" Validieren Sie Ihre Idee anschließend in Communities wie Reddit oder Indie-Hacker-Foren. Wenn Menschen regelmäßig nach einer Lösung fragen, aber kein einfaches Tool existiert, ist das ein starkes Signal.

Zum Bau Ihres MVP (Minimum Viable Product) eignen sich No-Code-Plattformen wie Glide, Bubble oder Softr. Mit Make.com oder Zapier automatisieren Sie Prozesse im Hintergrund. Wenn Ihre Idee KI-Funktionen beinhaltet – etwa Textanalyse oder Zusammenfassung – können Sie APIs wie OpenAI integrieren. Die meisten Plattformen arbeiten mit Drag-and-Drop-Interfaces, sodass Sie keine einzige Zeile Code schreiben müssen.

Erstellen Sie eine Landingpage mit Carrd oder ähnlichen Tools. Lassen Sie sich von ChatGPT eine überzeugende Verkaufsseite schreiben: Problem darstellen, Lösung zeigen, Vorteile erklären. Integrieren Sie Stripe für Abonnements. Ziel ist es, die ersten 10–20 Nutzer zu gewinnen und Feedback einzuholen.

Sobald das Tool live ist, optimieren Sie das Onboarding. Erstellen Sie kurze Loom-Videos, fügen Sie FAQs hinzu und automatisieren Sie Willkommens-E-Mails. Positive Nutzererfahrungen erhöhen die Bindung und Weiterempfehlung.

Preislich bewegen sich Micro-SaaS-Tools meist zwischen 9 und 49 Euro pro Monat. Schon 50 zahlende Nutzer können ein solides Nebeneinkommen generieren. Einige Gründer bauen mehrere kleine Tools parallel auf oder verkaufen ihre App später als digitales Asset weiter.

Für Wachstum listen Sie Ihr Tool auf Plattformen wie Product Hunt oder AppSumo. Erstellen Sie Content rund um Ihr Produkt – Blogartikel, YouTube-Demos oder Social-Media-Threads. KI kann Release-Notes, Support-Texte und Marketingmaterialien automatisiert erstellen.

Micro-SaaS ist 2026 eine der effizientesten Methoden, Vermögen mit minimalen Fixkosten aufzubauen. Sie verkaufen Systeme statt Zeit. Und Sie behalten volle Kontrolle.

Wie Liam sein KI-Micro-SaaS aufbaute

Liam war immer voller Ideen, doch ihm fehlten Programmierkenntnisse. Jahrelang blieb er in einem Marketingjob, weil er glaubte, ohne Entwickler nichts starten zu können. Dann entdeckte er eine Fallstudie über ein

Micro-SaaS, das mit Glide und ChatGPT gebaut wurde – ohne Code.

Er erkannte ein Problem aus seinem Alltag: das Schreiben überzeugender Social-Media-Headlines. So entstand seine Idee: „HookForge“ – ein KI-Tool, das automatisch Marketing-Überschriften generiert.

Mit Glide baute er eine einfache App. Nutzer gaben Produktname, Zielgruppe und Tonalität ein. Über Make.com wurde die Anfrage an die OpenAI-API gesendet, die zehn Vorschläge generierte. Zwei Tage später hatte er ein funktionierendes MVP.

Er erstellte eine Landingpage mit Carrd, setzte einen Preis von 9 Euro pro Monat und bewarb das Tool auf Reddit und Twitter. Die ersten Nutzer meldeten sich sofort an. Einige gaben Feedback, andere zahlten direkt.

Innerhalb weniger Wochen verbesserte Liam sein Onboarding, ergänzte neue Funktionen und automatisierte E-Mail-Sequenzen. Nach zwei Monaten hatte er 71 zahlende Nutzer – rund 639 Euro monatlich. Zusätzlich startete er ein Lifetime-Angebot auf AppSumo und generierte weitere 1.500 Euro.

Liam hatte nicht nur eine App gebaut – sondern ein skalierbares digitales Asset. Er fügte ein Affiliate-Programm hinzu und plante bereits sein nächstes Tool.

Er brauchte keine Investoren, keinen Co-Founder und kein Entwicklerteam. Nur KI, No-Code-Tools und die Bereitschaft, zu starten.

Aus dem „Ideen-Typen" wurde ein Builder – mit echtem Umsatz als Beweis.

Epilogue: AI Has Erased Barriers

Während wir dieses Buch schließen, sollte eines absolut klar sein: Die Möglichkeit, ein profitables, flexibles und KI-gestütztes Unternehmen aufzubauen, war noch nie so zugänglich wie jetzt. Sie müssen nicht auf Investoren, einen Mitgründer oder den perfekten Zeitpunkt warten. Sie brauchen kein Filmteam, keinen Ingenieurabschluss und kein großes Team. Sie müssen nicht einmal Teil der „Tech-Welt" sein. Alles, was Sie brauchen, ist die Bereitschaft zu lernen, zu experimentieren und die Werkzeuge zu nutzen, die heute jedem von uns zur Verfügung stehen.

KI hat Barrieren beseitigt, die kreative, intelligente und ehrgeizige Menschen früher zurückgehalten haben. Sie können heute schreiben, sprechen, gestalten, automatisieren, veröffentlichen und verkaufen – ohne traditionelle Fähigkeiten, teure Software oder jahrelange Versuch-und-Irrtum-Phasen. Sie haben zehn Geschäftsmodelle kennengelernt, die reale Menschen in der heutigen Wirtschaft starten und skalieren – ohne Lagerhallen, Gehaltslisten oder Büroverträge. Unternehmen, die von einem einzigen Laptop aus betrieben werden können, überall auf der Welt, und die schneller wachsen können als klassische Offline-Modelle.

Vielleicht haben Sie sich in Samantha wiedergefunden, die Voiceover-Dienstleistungen anbietet, ohne je selbst ins Mikrofon zu sprechen. Oder in Diego, der aus einem einzigen YouTube-Clip eine Content-Agentur aufgebaut hat. Vielleicht träumen Sie – wie Julian – schon lange davon, zu schreiben, und sehen nun, wie Hörbuch-Publishing Ihr Weg sein kann. Oder Mayas Print-on-Demand-Geschichte hat Ihnen gezeigt, wie kreativ und profitabel KI sein kann – selbst für Anfänger.

All diese Menschen begannen mit einer Entscheidung. Sie entschieden sich, loszulegen, obwohl sie nicht alle Antworten kannten. Sie testeten, bauten und erschufen mit Tools, die zunächst neu oder sogar einschüchternd wirkten. Sie lernten durch Handeln – und genau das können Sie auch. Die Tools sind nicht das Geschäft. Der Mensch dahinter ist es. Sie sind es. Ihre Ideen, Ihre Umsetzung, Ihre Beständigkeit und Ihre Fähigkeit, weiterzumachen, auch wenn Ergebnisse auf sich warten lassen – das ist das wahre Kapital.

Jetzt sind Sie an der Reihe.

Dieses Buch sollte Sie nicht nur inspirieren, sondern ausrüsten. Sie haben nun eine klare Roadmap. Sie haben Schritt-für-Schritt-Anleitungen gesehen, wie man KI-gestützte Unternehmen ohne Mitarbeiter oder Lagerbestand startet. Sie haben Geschichten gehört von Menschen, die es umgesetzt haben. Wenn Sie nur einen Teil davon anwenden, sind Sie bereits weiter als die meisten, die noch auf „Erlaubnis“ warten oder veralteten Modellen hinterherjagen, die nicht mehr skalieren.

Wir leben in einer neuen Ära – einer digitalen Wirtschaft, geprägt von Automatisierung, Personalisierung und intelligenten Workflows. KI zerstört nicht nur Branchen – sie baut sie neu auf, zugunsten kleiner, schlanker und intelligenter Akteure. Das verschafft Ihnen als Solo-Creator, Berater oder Mikro-Unternehmer einen enormen Vorteil. Große Unternehmen sind langsam. Sie nicht. Sie können schneller starten, testen und anpassen als je zuvor. Das ist Ihr Vorsprung. Nutzen Sie ihn.

Was Sie als Nächstes aufbauen, muss nicht perfekt sein – im Gegenteil. Beginnen Sie klein. Wählen Sie eine Idee. Bauen Sie Ihren ersten Funnel. Erstellen Sie Ihr erstes eBook. Starten Sie Ihr erstes Voiceover-Angebot. Eröffnen Sie Ihren Template-Shop. Sie werden in zehn Tagen praktischer Umsetzung mehr lernen als in zehn Monaten Grübeln. Große Ergebnisse entstehen oft aus einfachen, konsequent wiederholten Handlungen.

Und vergessen Sie nicht: Es geht nicht nur ums Geld – es geht um Freiheit. Die Freiheit, zu arbeiten, wann Sie wollen. Ohne

Erlaubnis zu bauen. Am Nachmittag spazieren zu gehen. Mehr Zeit mit Ihrer Familie zu verbringen. Zu reisen. Zu denken. Zu erschaffen. Das ist die eigentliche Belohnung. KI ersetzt keine Menschen – sie befähigt uns. Die Frage ist: Was werden Sie mit dieser Kraft tun?

Was auch immer Sie wählen – schreiben, automatisieren, lehren, designen oder verkaufen – beginnen Sie. Beginnen Sie mit dem, was Sie haben. Beginnen Sie dort, wo Sie stehen. Beginnen Sie heute.

Die Zukunft gehört nicht denen, die warten. Sie gehört denen, die bauen.

Also bauen Sie. Ihre KI-gestützte Zukunft wartet bereits auf Sie.

www.ingramcontent.com/pod-product-compliance
Lightning Source LLC
LaVergne TN
LVHW022027200926
848481LV00007B/2576